FACULTÉ DE DROIT DE PARIS.

THÈSE

POUR LA LICENCE.

PARIS,

TYPOGRAPHIE DE FIRMIN DIDOT FRÈRES,

IMPRIMEURS DE L'INSTITUT DE FRANCE,

RUE JACOB, N° 56.

1840.

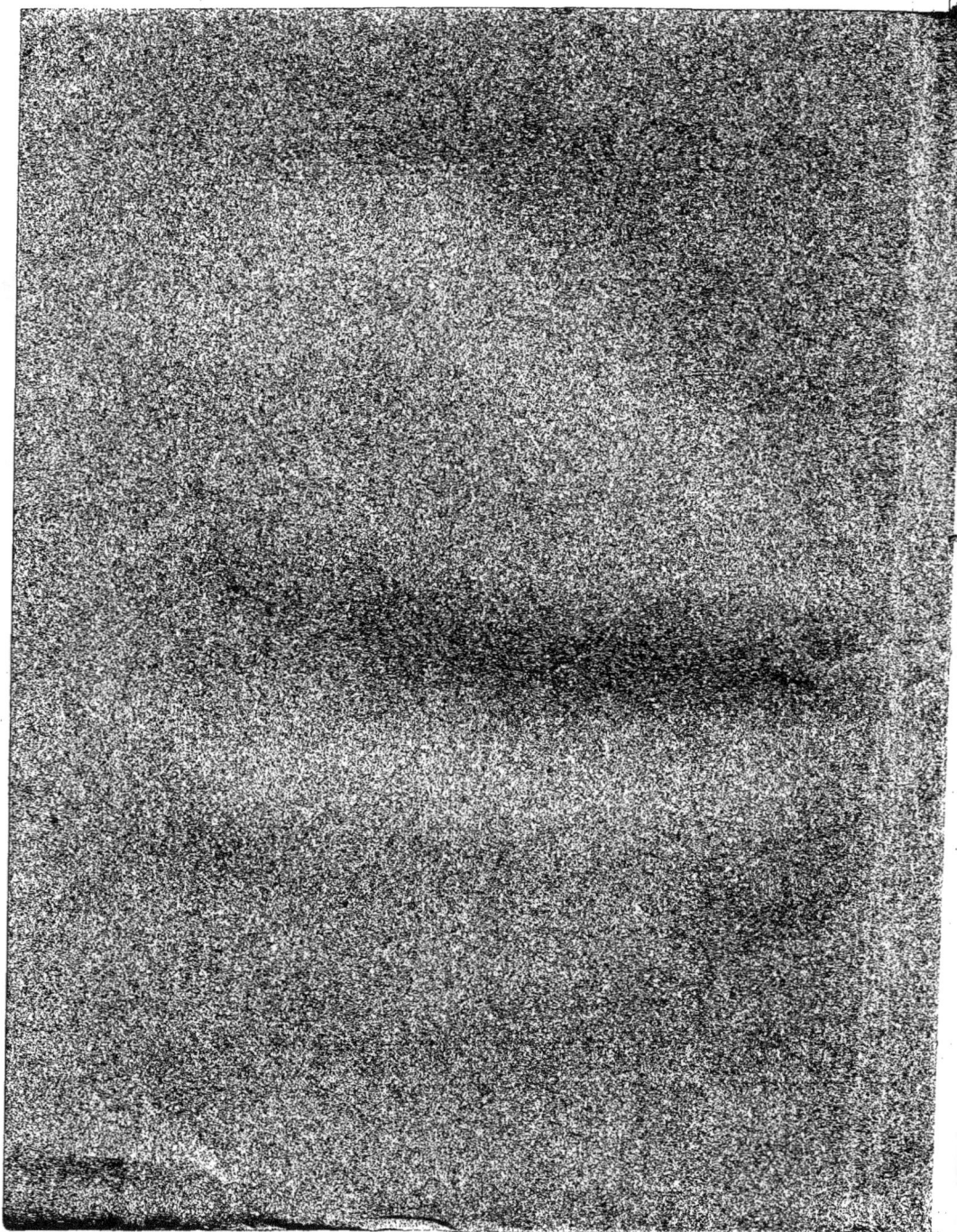

A MON PÈRE.

—

A ma Mère.

FACULTÉ DE DROIT DE PARIS.

THÈSE

POUR LA LICENCE.

L'ACTE PUBLIC SUR LES MATIÈRES CI-APRÈS SERA SOUTENU,

LE LUNDI 24 FÉVRIER 1840, A UNE HEURE APRÈS-MIDI,

Par EMMANUEL-MARIE-HÉRACLE **FRÉTEAU DE PÉNY**,

né à **Paris**.

PRÉSIDENT : **M. BLONDEAU**, DOYEN.

Suffragants :
- M**M**. **DURANTON**,
- **PONCELET**,
- **ROYER-COLLARD**,

Professeurs.

FERRY, Suppléant.

Le Candidat répondra en outre aux questions qui lui seront faites
sur les autres matières de l'enseignement.

PARIS.

TYPOGRAPHIE DE FIRMIN DIDOT FRÈRES,

IMPRIMEURS DE L'INSTITUT DE FRANCE,

RUE JACOB, N° 56.

1840.

DE LA NOVATION.

NOTIONS GÉNÉRALES.

La novation est la substitution d'une nouvelle obligation à une obligation ancienne qui demeure éteinte.

La novation s'opère de trois manières : par la substitution d'une nouvelle dette à l'ancienne; par la substitution d'un débiteur nouveau au débiteur ancien; par la substitution d'un nouveau créancier au créancier primitif.

Avec une définition si formelle de la novation et des diverses modalités sous lesquelles elle s'engendre, il semble au premier abord que nulle difficulté ne saurait arrêter le jurisconsulte. Aussitôt que nous apercevrons dans une obligation, changement dans la chose, ou changement dans l'une des personnes, nous dirons que la novation est accomplie; et en conséquence nous déclarerons l'ancienne obligation éteinte, en même temps que nous reconnaîtrons la création d'une obligation nouvelle. Mais si l'on vient à se rappeler que la *cession*, que la *subrogation* et que la *délégation* ne doivent cependant pas se confondre avec la *novation*; si l'on examine comment il se fait qu'un changement de créancier, dans les deux premiers cas, qu'un changement de débiteur, dans le troisième, soient ou impuissants ou inefficaces pour entraîner une novation, la clarté s'évanouit, l'incertitude commence, et il nous faut chercher ailleurs que dans notre règle incomplète les caractères spéciaux de cette novation trop souvent difficile à déterminer.

Étudier les rapports ou les différences que peuvent avoir entre elles toutes ces modifications de l'obligation, nous semble le meilleur moyen d'arriver à un résultat satisfaisant. Qu'il nous soit donc permis de jeter un coup d'œil rapide sur la cession et sur la subrogation que notre cadre semblerait exclure, mais que leur nature nous force à admettre et à comparer.

1

Primus est créancier de Secundus pour une certaine somme. Il peut se présenter plusieurs espèces : ou Secundus est parfaitement solvable, mais le terme n'est pas échu, le lieu du payement est éloigné, etc. ..... ou Secundus n'a qu'une solvabilité douteuse; ..... ou bien enfin Secundus, solvable peut-être, conteste, refuse, contraint à plaider.

Examinons quels doivent être dans ces diverses hypothèses les motifs qui peuvent déterminer le créancier à abandonner à un tiers ses droits contre le débiteur; et recherchons si ces motifs ne sont pas de nature à influer sur les conséquences de cet abandon.

I. Dans le premier cas, Primus, qui ne veut pas attendre ou qui ne peut se transporter au lieu du payement, se fait payer par Tertius que cet arrangement accommode, et auquel il cède tous ses droits à faire valoir contre Secundus. C'est un peu là l'histoire des billets à ordre. Que se passe-t-il? un marché entre Primus et Tertius, fait dans l'intérêt de l'un ou de l'autre, souvent même de tous les deux, mais où les intérêts de Secundus n'entrent absolument pour rien. Ce n'est ni pour le tirer d'embarras, ni pour lui éviter des poursuites que Tertius, par le payement de la créance, a acquis les droits de Primus; et quoiqu'il se soit opéré un changement dans la personne du créancier, le débiteur n'a point été appelé à y consentir.

Dans le second cas, Primus, inquiet de la solvabilité douteuse de Secundus, et calculant toutes les chances mauvaises, consent, moyennant le payement d'une somme inférieure au montant nominal de la créance, à abandonner en totalité à Tertius des droits dont il lui paraît difficile de tirer parti. C'est donc dans son intérêt que Primus cède à Tertius ses droits contre Secundus, puisqu'en conservant Secundus pour débiteur, il croirait s'exposer à une perte plus considérable encore. Mais c'est peut-être aussi dans l'intérêt de Tertius, qui espère pouvoir contraindre Secundus à un payement total, et acquérir au prix d'un déboursé plus ou moins onéreux, au prix de ses soins et de ses poursuites, une somme supérieure à celle dont il a payé la cession. Quant à Secundus, ici encore il n'apparaît pas; ses intérêts n'ont été en aucune manière pris en considération dans l'opération qui lui donne un créancier nouveau.

Dans le troisième cas, afin de s'éviter les soucis d'un procès et ses chances douteuses, Primus aliène ses droits. Mais n'est-ce point encore dans son intérêt et dans celui de Tertius qu'est faite cette aliénation, tandis que Secundus y est entièrement étranger?

En effet, dans ces deux derniers exemples, Primus et Tertius jouent le rôle de deux spéculateurs, dont chacun espère gagner ou éviter de perdre, mais où Secundus n'a rien ni à perdre, ni à gagner : c'est là la cession proprement dite.

Fidèle interprète des intentions des parties, la loi décide qu'à moins de convention contraire, la cession ne produira point de novation; seulement, faite sans le consentement du débiteur, quoiqu'à son escient, elle conférera au cessionnaire tous les droits du cédant, mais non point d'autres. Faite dans l'intérêt du cédant et du cessionnaire, la cession entraînera garantie de la part du cédant, mais cette garantie aura seulement pour objet l'existence de la créance au moment du contrat, et non point la solvabilité du débiteur. Faite dans un esprit de spéculation, et dans l'intérêt exclusif du cédant et du cessionnaire, la cession ne fournit pas même au débiteur l'ombre d'un prétexte pour se soustraire à la rigueur de son engagement; il ne peut, en effet, prétendre qu'il ne doit plus que la somme payée par le cessionnaire au cédant; car alors le cessionnaire eût fait les affaires du débiteur et non pas les siennes.

II. Examinons maintenant ce qui se passerait dans les mêmes cas, si, au lieu de cession, il s'agissait de subrogation.

Que ce soit l'insolvabilité de Secundus, que ce soit son opiniâtreté, que ce soit seulement le désir de lui assurer quelque trève, qui détermine Tertius à offrir à Primus le payement de la créance en obtenant subrogation à ses droits, toujours est-il vrai que Tertius n'est plus un spéculateur dirigé par son intérêt, mais un gérant d'affaires qui agit dans l'intérêt de Secundus, non dans le sien. Si donc, effrayé des risques que lui paraît courir sa créance, Primus consent, pour un payement partiel, à libérer vis-à-vis lui Secundus en subrogeant Tertius à ses droits, Tertius ne sera pas fondé à réclamer de Secundus au delà de ses déboursés : en effet, il n'a pas spéculé sur la position du débiteur; il a seulement voulu lui venir en aide.

Sans parler ici de la subrogation légale accordée de plein droit au créancier qui avait intérêt à éteindre une créance antérieure, il est une autre subrogation établie en faveur du débiteur, même à l'insu du créancier, comme la première pouvait être faite même à l'insu du débiteur. Si Secundus, pour échapper aux rigueurs de Primus, emprunte à Tertius de quoi satisfaire son créancier, et que

le but de l'emprunt, ainsi que l'emploi de la somme empruntée, soient authen-
tiquement constatés, il peut subroger Tertius à tous les droits que Primus avait
contre lui. Au premier abord, les droits des tiers semblent compromis par cet
arrangement; mais si on réfléchit que l'hypothèque n'est point attachée à la
personne du créancier, mais à la dette, on comprendra que les tiers créanciers hypothécaires de Secundus sont sans intérêt pour s'opposer à cette subrogation : que leur importe, en effet, d'être primés par Primus ou Tertius,
dès que la somme de la créance reste la même?

De ce qui vient d'être dit, il résulte que l'intention des parties, les circonstances sous l'impression desquelles elles ont agi, sont les seules causes de diffé-
rence entre la cession et la subrogation. Il importe donc aux parties d'indiquer
elles-mêmes le rôle qu'elles ont prétendu remplir, en se servant, suivant leur
dessein, du mot *cession* ou du mot *subrogation* : ceci est un conseil pour les parties, et non pas une règle d'interprétation pour le juge; car, en règle générale,
le sens et la portée des conventions doivent se déterminer, abstraction faite des
termes employés par les parties; mais les termes, en l'absence de toute autre
raison de décider, peuvent et doivent obtenir une assez grande importance.

Des considérations qui précèdent, il est aisé de déduire les ressemblances et
les différences qui existent entre la *cession* et la *subrogation* : 1° dans l'une et
dans l'autre, l'existence de la créance au moment du transport avait été garantie,
soit au cessionnaire, soit au subrogé, quoique à des titres et avec des résultats
divers; 2° mais tandis que le cessionnaire peut réclamer du débiteur le capital
nominal de la créance cédée, le subrogé ne peut réclamer que le montant de ses
déboursés; 3° enfin dans le cas de cession ou de subrogation à une partie seulement de la créance, l'article 1252 établit entre le subrogé et le subrogeant
une subordination qui n'est point applicable au cédant ou au cessionnaire.

Que conclure de tout cela, sinon qu'après avoir posé comme règle que le
changement du créancier entraînait novation, le législateur, deux fois déjà, a
méconnu la définition qu'il avait lui-même donnée? Dans la cession, il laisse,
en faveur du créancier, opérer changement de créancier, sans altérer, sans nover
l'obligation; dans la subrogation, en faveur du débiteur, il laisse, sans plus de
novation, opérer encore le même changement.

III. Voyons donc ce qui se passe dans la délégation, et tâchons, par ces com-
paraisons consécutives, de saisir le fil si fragile qui doit nous faire sortir enfin
de toutes ces routes tortueuses et de difficile issue.

La délégation diffère tout à la fois de la cession et de la subrogation : d'abord en ce qu'elle substitue un débiteur nouveau au débiteur ancien, en même temps qu'elle substitue au créancier ancien un créancier nouveau; ensuite, parce qu'elle exige le consentement, et du tiers délégué, et du créancier délégataire, et du débiteur délégant.

Il est deux sortes de délégations. L'une, appelée *parfaite*, opère novation; mais pour cela il faut que le créancier qui accepte le nouveau débiteur ait déclaré décharger complétement le débiteur ancien. En l'absence de cette déclaration, l'acceptation du débiteur nouveau laisserait la délégation imparfaite, c'est-à-dire, laisserait subsister l'obligation ancienne avec toutes ses charges pour le débiteur primitif.

La nécessité de cette manifestation de la volonté du créancier s'accorde avec cette autre règle de la novation, qui ne veut pas que la novation se présume et qui exige que la volonté des parties contractantes soit clairement exprimée. Mais la novation ne peut-elle résulter que de la volonté des parties? et, à l'inverse, cette volonté suffit-elle toujours pour l'opérer? C'est là ce que nous allons rechercher.

Novatio, dit Ulpien, *est prioris debiti in aliam obligationem, vel civilem, vel naturalem, transfusio atque translatio, hoc est, cùm ex præcedente causâ, ità nova constituatur, ut prior perimatur. — Novatio* enim à *novo* nomen accepit et à *novâ* obligatione.

Cette définition soulève trois ordres de questio

1° Qu'est-ce que cet *aliquid novum*, cette *nova obligatio*, qui sera tout à la fois et le signe et le principe générateur de la novation? Suffira-t-il de faire éprouver à l'obligation primitive le plus léger changement pour qu'il existe aux yeux du jurisconsulte *aliquid novum* et *nova obligatio*? Ou bien, s'il faut porter à cette obligation quelque atteinte plus grave, quelles seront donc ces modifications profondes et radicales qui devront la faire regarder comme ayant cessé d'être la même, et comme formant un nouveau lien de droit? Voilà, ce nous semble, sur quoi repose toute la théorie des novations, théorie bien importante, alors même que le législateur a donné toute puissance en cette matière à la volonté des parties; car la volonté des parties peut bien n'être pas toujours manifeste, et d'ailleurs, a dit Pothier, il est certaines circonstances qui tiennent à la nature même des choses, et que les conventions les plus formelles ne sauraient empêcher d'exister.

Ainsi, pour garantir les droits du créancier, pour maintenir ses exceptions au débiteur, pour assurer les tiers contre l'injustice et la fraude, le jurisconsulte, tantôt suppléera à la volonté des parties restées muettes, tantôt il déclarera leur volonté inutile, et s'attachera aux conséquences nécessaires des actes plutôt qu'à l'observation des intentions mal à propos ou imprévoyamment exprimées.

2° Pour qu'il y ait novation, est-il toujours nécessaire que le créancier et le débiteur primitif consentent à la novation?

3° Leur consentement suffit-il toujours pour opérer cette novation?

I. Quant à la première question, n'y aurait-il pas à distinguer la nature diverse des contrats? et telle circonstance qui dans tel contrat peut être considérée comme *insignifiante*, ne peut-elle pas être au contraire *essentielle* dans tel autre contrat?

Par exemple, n'y aurait-il pas à distinguer entre les obligations faites en faveur de la personne, telles que les pensions alimentaires, les rentes viagères, certains louages de service, etc., et les obligations formées indépendamment de toute considération de la personne, mais seulement en vue d'un fait ou d'un objet quelconque, telles que les ventes, les louages et le plus grand nombre des contrats à titre onéreux?

Dans ces deux genres d'obligations, le créancier, le débiteur et la chose due, ne sauraient jouer évidemment le même rôle. Il nous paraît donc impossible d'établir des règles tellement générales qu'elles pourraient s'appliquer sans distinction à ces deux genres d'obligations. Et en effet, s'agit-il des obligations contractées en faveur de la personne, le jurisconsulte doit, avant toutes choses, s'attacher à cette personne, et déclarer qu'aussitôt que le débiteur ou le créancier, quelquefois seulement l'un des deux, cessera d'être le débiteur ou le créancier primitif, l'obligation cessera d'être la même, tout aussi bien que si l'objet même de l'obligation avait été changé. Au contraire, dans les obligations contractées seulement en vue de la chose, il pourra s'opérer un changement dans les personnes, sans que l'obligation primitive se soit pour cela éteinte et transformée en une obligation nouvelle.

Dans la législation formaliste des Romains, il suffisait qu'une stipulation nouvelle fût intervenue, pour déclarer l'existence de l'*aliquid novum*, à moins que la volonté des parties ne se fût refusée à opérer novation; mais alors même, il y avait au moins deux obligations simultanées. En droit français, où la rigueur des formes est loin d'être la même, et où on a fait une plus large part à la volonté des parties, nous ne devrons, en général, reconnaître l'existence de la novation qu'autant que l'obligation primitive aura subi, dans ses éléments essentiels et constitutifs, une modification radicale : et par exemple, dans les obligations contractées en vue de la personne, le changement dans la personne dont la considération avait déterminé la formation du contrat primitif.

Au reste, quelque puissance que la volonté des parties ait obtenue dans notre législation, elle a aussi ses justes limites; les conventions ne peuvent, en aucun cas, nuire aux droits des tiers. Ainsi donc, lors même qu'en apportant à l'obligation primitive un changement suffisant pour opérer novation, les parties auraient déclaré ne pas vouloir opérer novation, cette novation n'en devrait pas moins être reconnue, si les intérêts légitimes des tiers se trouvaient compromis.

Supposons, par exemple, qu'une rente viagère ayant été constituée avec hypothèque sur l'un des immeubles du débiteur, les deux parties conviennent, qu'à la place de la rente viagère, le débiteur devra désormais une rente perpétuelle ou une somme exigible en capital..... C'est en vain que dans un contrat pareil, le créancier et le débiteur voudraient refuser à la nouvelle convention les effets de la novation : leur volonté à cet égard ne saurait évidemment nuire aux droits des créanciers qui, comptant sur la fragilité de l'obligation primitive (rente viagère), auraient accepté des hypothèques postérieures à celles du rentier, ces créanciers ne peuvent être frustrés dans leur attente légitime.

Dans les obligations contractées en vue de la chose, et dans lesquelles la personne des contractants n'a pas été une considération déterminante, les droits et les devoirs seuls sont en présence; et pourvu qu'ils restent intacts, pourvu qu'ils n'aient à subir aucune atteinte, même indirecte, les modifications faites au contrat primitif ne sauraient amener novation. Ici, en effet, le jurisconsulte ne voit plus dans le créancier une personne fixe et déterminée dont l'identité lui importe; pareillement, il ne considère, dans le débiteur, que l'ensemble des devoirs que celui-ci aura à remplir, et des exceptions qu'il pourra opposer : or pourvu que les modifications imprimées à l'obligation primitive ne changent en rien ces rapports, qu'importe le changement dans les individus auxquels ces rapports pouvaient ou non profiter ?

Toutefois il ne faudrait pas abuser de ces considérations, quelque exactes qu'elles puissent être en elles-mêmes. En effet, même dans les contrats à titre

onéreux qui semblent le moins faits en considération des personnes, la personne du débiteur est toujours importante, parce que la confiance qu'inspirent la solvabilité et la moralité de ce débiteur, résulte de nombreuses circonstances personnelles.

La personne du créancier est au contraire en général moins importante; en effet, pourvu que la position du débiteur ne soit point aggravée, que lui importe d'avoir à payer à telle personne plutôt qu'à telle autre?

Quant aux modifications que peut éprouver la dette elle-même, il semble qu'elles seront ou non génératrices d'obligation nouvelle, suivant la seule intention des parties. Toutefois, les cautions pouvant être intéressées à ce que certaines modifications éteignent l'obligation primitive pour être déchargées de leurs devoirs, il sera bon d'examiner jusqu'à quel point ces modifications pourraient leur porter atteinte. Il y aura donc ici une appréciation des faits qui appartiendrait aux tribunaux. Mais ce qu'il est permis d'affirmer, c'est que tout changement d'une dette primitive en une autre dette incompatible avec la première, comme la conversion d'un prêt en dépôt, entraînerait nécessairement une novation.

II. Pour qu'il y ait novation, est-il toujours nécessaire que le créancier et le débiteur primitif consentent à la novation?

Le consentement des deux parties est évidemment nécessaire pour changer la nature de la chose.

Le consentement du créancier est pareillement nécessaire pour qu'un nouveau débiteur puisse être substitué à l'ancien.

Au premier abord, le consentement du débiteur ne paraît pas nécessaire pour qu'un créancier nouveau soit substitué à l'ancien; en effet, dans le cas de la cession et de la subrogation, cette substitution s'opère malgré le débiteur. Mais aussi remarquons que dans le cas de la cession et de la subrogation, il n'y a pas novation proprement dite, puisque le débiteur peut opposer au cessionnaire et au subrogé toutes les exceptions personnelles qu'il aurait pu opposer au cédant ou au subrogeant; tandis que s'il y avait novation proprement dite, le débiteur ne pourrait se prévaloir que des exceptions personnelles au nouveau créancier.

III. Le consentement du débiteur et du créancier primitif suffit-il toujours pour opérer novation?

Nous le pensons; car en supposant bien entendu que ces deux personnes sont capables de contracter, qui pourrait les empêcher d'éteindre une obligation ancienne pour en créer une nouvelle , et cela lors même que l'obligation nouvelle différerait très-peu de l'obligation primitive , l'importance des modifications ne nous paraissant à considérer que lorsque la volonté des parties d'opérer la novation n'est pas expresse?

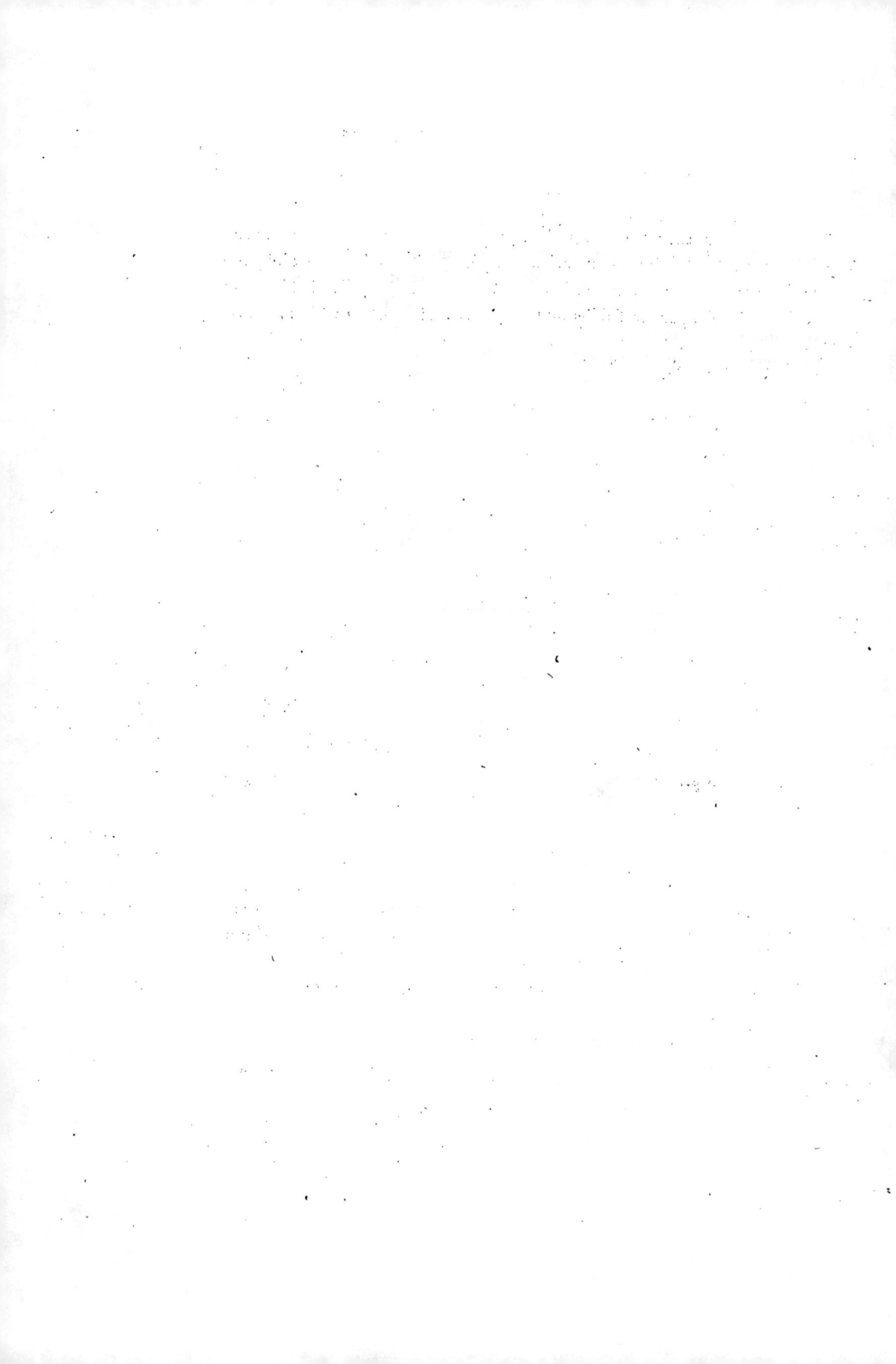

JUS ROMANUM.

DE NOVATIONIBUS ET DELEGATIONIBUS,

D. D. XLVI. TIT. II.

CAP. I. — DE NOVATIONIBUS.

Dua sunt novationum genera : alæ ex voluntate nascuntur, aliæ ipso jure decurrunt, in quibusdam judiciis, ex litis contestatione. Quarum priores conventionales vocantur, posteriores autem judiciales.

SECTIO I. — DE CONVENTIONALIBUS NOVATIONIBUS.

§ I. *De forma novationum.*

1° Novationes conventionales novissimo jure romano stipulatione tantum adhibita fieri poterant.

Est autem novatio prioris debiti in aliam obligationem transfusio atque translatio, cum ex præcedente causa, ita nova constituatur, ut prior perimatur. Ut novatio adesse dici possit, sequentia concurrant oportet :

Vetus obligatio jure valida sive naturali, sive civili, sive pura, sive in diem, sive conditionalis.

Nova obligatio contrahatur, et ipsa naturaliter aut civiliter efficax.

Variis modis fieri potest novatio, aut cum alia res promittitur, aut alia obligationis causa constituitur, aut aliud solutionis tempus definitur, aut cum novus creditor, novusve debitor præcedentibus substituuntur.

Ita demum fit novatio, si hoc agatur ut novetur obligatio : cæterum si non hoc agatur, duæ erunt obligationes.

2° Fiunt adhuc novationes per nomina transcriptitia.

Fit autem nomen transcriptitium duplici modo, vel a re in personam, vel a persona in personam.

2.

A re in personam transcriptio fit, veluti si id quod ex emptionis causa aut conductionis aut societatis mihi debeas, id expensum tibi tulero.

A persona in personam transcriptio fit, veluti si id quod mihi Titius debet, tibi id expensum tulero, id est, si Titius delegaverit mihi.

Alia causa est eorum nominum, quæ *arcaria* vocantur : in his enim rerum non litterarum obligatio consistit, quippe non aliter valent, quam si numerata sit pecunia; numeratio autem pecuniæ jure naturali facit obligationem. Qua de causa recte dicemus arcaria nomina nullam facere obligationem, sed obligationis factæ testimonium præbere.

§ II. *De effectu.*

Vis et effectus novationis idem est ac solutionis. Fidejussores et pignora liberantur, nisi quoddam aliud esset stipulatum, et usuræ currere desinunt. Unde et illi tantum novare possunt, inter quos obligatio subsistit, si quidem contrahere eis licet; pupillæ, aliæque personæ quæ conditionem suam deteriorem facere nequeunt, quatenus tantum novare possunt, quatenus conditio earum inde melior fit.

Filius patris actionem, ignorante eo, novare nequit, nisi autem liberam peculii administrationem habeat.

Novare non potest adjectus tantum solutionis gratia, quamvis ei solutio recte facta esset.

SECTIO II. — DE JUDICIALIBUS NOVATIONIBUS.

Præter novationes quæ conventione fiunt, est et aliud quoddam novationis genus quod litis contestatione in quibusdam judiciis efficitur.

1° Contestari litem, ut ait Festus, dicuntur duo aut plures quod ordinato judicio, utraque pars dicere solet : Testes estote.

Sed quo in temporis momento hæc litis contestatio interveniret, nesciunt omnes. Et ignorantur quoque effectus, et prope utilitas, nisi testes, in locum scripturarum, confirmaturi quod actum fuisset, venirent.

2° Formularum vero processu vigente, in jure, non in judicio fiebat litis contestatio.

Cum litis contestatio evenisset, defensore etiam absente, sententiæ dici poterant.

Multum inter se distant novationes seu conventionales seu judiciales.

Conventionales et obligationem et obligationis sequentia necesse diluunt, judiciales vero obligationem diruentes ad novam transferunt obligationem, veteris obligationis sequentia, veluti pignora, privilegia et usuræ. Non solet enim deterior conditio fieri eorum qui litem contestati sunt quam si non : sed plerumque melior : nemo enim in persequendo deteriorem causam, sed meliorem facit.

Judicialis novatio naturalem quamdam retinet obligationem, qua debitor, condictionem indebiti agens, esset repellendus

3° Postquam judiciorum ordo qui per formulas ageretur per desuetudinem evanescit, litis contestatio tantum narratio facti apud judicem fuisse videtur; quæ non jam antiquos pertrahit effectus, nam sententia tantum primam diluit actionem, et errorem petitionis efficit irreparabilem.

CAP. II. — DE DELEGATIONIBUS ET EXPROMISSIONIBUS.

Species novationis expromissio est ; expromittit qui apud stipulantem creditorem alieni debiti reum se constituit, debitoris liberandi animo.

Quamdam quoque litis contestatio novationem efficit. Cum personalis sit actio, et in jus concepta, et adhuc legitimum sit judicium, vetus jus postulantis pleno jure tollitur. Cum vero actio realis est, et in factum concepta, cum non legitimum est judicium, sed in imperio continens, defensori tantum licet adversus novas postulationes *rei in judicium deductæ* exceptionem opponere.

Quos quidem effectus in recentiore tempore sententia judicis efficiet, vel ipso jure vel per exceptionem rei in judicium deductæ ut litis contestatio effecisset ipsa. Quod prudentes dicebant his verbis : Ante litem contestatam debitorem dare oportere. Post litem contestatam condemnari oportere. Post condemnationem, judicatum facere oportere.

Litem etiam incertam adhuc et vagantem claudit intra certos fines litis contestatio. Actorum personas indicat, et judices eligit litis contestatio, cujus tamen momentum incertum est et varium quamvis gravissimum effectu.

Temporales actiones producit perpetuas litis contestatio : ut injuriæ actionem, quæ lite contestata ad heredes postulantis efficax pervenit.

Expromissio locum habere potest, tam mandante quam ignorante debitore, hic expromissore dato semper liberatur, ac si solvisset.

Qui expromissorem creditore suo dat, delegare dicitur, inde delegatio quoque novationis species est. Delegare tamen censetur is, qui consentienti debitori, alium creditorem dat. In delegatione omnes personæ consentire et novandi animum habere debent, ut valeat. Ea autem tres contractus comprehendit : duplex mandatum scilicet, quo delegatus debitum delegantis suscipere, et creditor (delegatarius) eundem accipere rogatur, vel jubetur, et stipulatio, qua creditor expromittentem delegatum sibi debitorem facit.

Vis et effectus delegationis idem est ac solutionis, et sublata vetere obligatione, veteres quoque pereunt exceptiones. Itaque delegatus debitor, cum false se creditorem haberet, tantum delegantem mandati actione aut indebiti condictione, non petentem creditorem doli mali exceptione repellere potest, nisi et ille quoque non prioris creditor, tamquam ut munus, debitum repetat, nam ille de lucro captando, delegatus contra de damno vitando certat.

THÆSES.

I. Pupillus sine tutoris auctoritate promittens, naturaliter debet. Hæc igitur naturalis obligatio novari et novare potest. — *Secus* de promissione servi quæ potest equidem novari, sed contra novare non potest.

II. Si ususfructus debitorem meum delegavero tibi, non novetur obligatio mea.

III. Cum pecunia mutua data stipulamur, non numeratione nascitur obligatio, quæ deinde stipulatione novetur.

IV. Novatione mora purgatur.

DROIT FRANÇAIS.

DE LA NOVATION.

CODE CIVIL, LIVRE III, TITRE III, CHAP. V, SECTION II, ART. 1271 A 1288.

La novation est la substitution d'une obligation nouvelle à une ancienne obligation. La novation est donc un moyen d'éteindre les obligations. Mais elle diffère du payement en ce qu'elle ne produit l'extinction d'une ancienne créance que par la création d'une nouvelle.

Toute obligation peut être l'objet de la novation.

La novation peut s'opérer de plusieurs manières.

Il y a novation :

Lorsque le débiteur contracte envers son créancier une nouvelle dette qui est substituée à l'ancienne, laquelle est éteinte;

Lorsqu'un nouveau débiteur est substitué à l'ancien, qui se trouve déchargé par le créancier;

Lorsque, par l'intervention d'un nouveau créancier, un débiteur, pour demeurer quitte envers son ancien créancier, de l'ordre de cet ancien créancier, contracte quelque engagement avec un nouveau créancier.

Toullier pense qu'il faut, dans ce dernier cas, que l'obligation nouvelle diffère de l'obligation primitive; qu'autrement ce ne serait qu'un transport de créance, qui n'entraînerait pas novation. Mais s'il n'y a point novation eu égard à la chose due qui est restée la même, il y a eu novation quant au débiteur. Celui-ci a consenti au changement de créancier : il ne peut donc plus se prévaloir des exceptions personnelles qui le défendaient contre le créancier primitif.

Toute obligation peut en nover une autre.

La novation ne se présume pas : elle doit résulter expressément de la volonté des parties : toutefois cette règle n'est pas sans exception.

La novation, en éteignant l'obligation principale, éteint par là même toutes les obligations accessoires. Elle libère les cautions, fait tomber les hypothèques qui ne suivent point l'obligation nouvelle. Elle purge le retard.

La novation faite par le débiteur solidaire libère les codébiteurs.

Pour la novation on suit les règles ordinaires quant à la capacité de contracter.

DE LA DÉLÉGATION.

La délégation est la substitution d'un nouveau débiteur au débiteur ancien, et en même temps la substitution d'un nouveau créancier au créancier primitif. C'est donc une double novation.

Il y a deux sortes de délégation : la délégation parfaite et la délégation imparfaite. La première seule produit novation. Dans ce cas, si le délégué devient insolvable, le créancier n'a pas de recours contre le débiteur déléguant; car la première obligation est éteinte. Mais si l'insolvabilité n'était plus secrète à l'époque de la délégation, soit qu'une faillite ou une déconfiture l'ait rendue publique, le créancier peut exercer son recours.

La délégation ne peut s'opérer que par le concours de la volonté des contractants.

POSITION.

I. Dans la novation qui s'opère par la substitution d'un nouveau débiteur les anciennes hypothèques peuvent être réservées sans l'intervention de l'ancien débiteur.

II. Lorsque la novation s'opère entre le créancier et l'un des débiteurs solidaires, les priviléges et hypothèques de l'ancienne créance ne peuvent être réservés que sur les biens de celui qui contracte la nouvelle dette.

III. Quoique la dette primitive soit à terme, la novation n'en a pas moins lieu sur-le-champ, si la seconde est pure et simple.

IV. La dette conditionnelle peut être novée par une dette pure et simple, sans qu'il soit nécessaire d'attendre l'événement de la condition.